L'ESPAGNE

ET

L'ARMÉE ESPAGNOLE

Extrait de la REVUE D'INFANTERIE

PARIS | **LIMOGES**
11, Place Saint-André-des-Arts. | Nouvelle route d'Aixe, 46.

Henri CHARLES-LAVAUZELLE

Imprimeur militaire.

L'ESPAGNE ET L'ARMEE ESPAGNOLE

L'ESPAGNE

ET

L'ARMÉE ESPAGNOLE

Extrait de la REVUE D'INFANTERIE

PARIS || LIMOGES
11, Place Saint-André-des-Arts. Nouvelle route d'Aixe, 46.

HENRI CHARLES-LAVAUZELLE

Imprimeur militaire.

L'ESPAGNE

ET

L'ARMÉE ESPAGNOLE

Notes d'un touriste.

L'armée espagnole mérite d'attirer notre attention, ne se-rait-ce qu'en raison du voisinage de nos deux pays. En outre, son isolement, la configuration de la Péninsule et les particularités du caractère national ont eu pour consé-quences de développer chez elle certains côtés originaux; nous essaierons de les faire ressortir dans les lignes sui-vantes.

Chez nos voisins, l'effectif budgétaire tend à diminuer constamment depuis quelques années : pour l'exercice 1888-1889, il a été fixé à 126,745 hommes, tandis qu'en 1885-1886 il était de 153,756.

La raison de cette importante réduction est aisée à décou-vrir : la guerre carliste, l'insurrection de Cuba avaient im-posé à la nation l'entretien d'un nombre de soldats qui dépas-sait de beaucoup ses forces; elle s'est hâtée de le réduire dès qu'elle en a eu le pouvoir.

Sur ces 126,000 hommes, plus d'un cinquième est employé à Cuba, à Porto-Rico ou aux Philippines; à elle seule, la garde de la plus grande des Antilles exige encore près de 20,000 hommes: c'est une lourde charge pour la métropole et pour son armée.

Le système de recrutement en vigueur chez nos voisins est un compromis entre les anciennes lois de recrutement, telles qu'elles existaient encore chez nous avant 1870, et le service obligatoire comme il résulte des nouveaux principes admis dans les grandes armées européennes. Tout Espagnol doit le service militaire pendant douze ans à partir de sa dix-neuvième année. La fraction du contingent appelée sous les drapeaux n'y demeure que trois ans ; encore cette durée est-elle abrégée par des envois en congé. Au sortir de l'armée active, le soldat passe trois ans dans la première réserve et six ans dans la deuxième. Comme réserviste de cette dernière catégorie, il pourrait être soumis à des appels périodiques, mais on n'en fait rien, faute d'argent.

D'ailleurs, le contingent annuel (50,000 hommes en 1888) n'est pas appelé en totalité pour le même motif ; les recrues en excédent figurent simplement sur les contrôles des bataillons de dépôt et peuvent servir à combler les vides survenus parmi les autres.

Ces prescriptions de la loi sont encore adoucies par de nombreuses dispositions particulières. L'exonération à prix d'argent et, par suite, le remplacement avec toutes ses fâcheuses conséquences, sont admis ; la substitution l'est également sous certaines conditions ; les exemptions de service sont fréquemment accordées ; pour en donner une idée, les ouvriers de quelques mines jouissent de ce privilège, sans qu'on puisse s'en expliquer la raison.

Malgré tous ces adoucissements à la loi, un grand nombre d'Espagnols échappent complètement à ses conséquences par l'insoumission. Dans le district d'Oviédo, par exemple, il y avait récemment 1,400 insoumis sur 2,000 appelés.

Toute une série d'articles de la loi de 1885 sont destinés à prévenir ces tristes résultats. A partir de l'âge de 15 ans, aucun Espagnol ne peut aller se fixer à l'étranger sans verser une caution de 2,000 *pesetas*, comme garantie de la manière dont il accomplira ses obligations militaires. Bien plus, en dénonçant un insoumis, on peut exempter une recrue à son choix. Il ne paraît pas que ces dispositions atteignent leur but ; d'ailleurs, elles sont assez mollement appliquées, comme beaucoup de lois en Espagne ; *del dicho al hecho, hay gran trecho* (1). Elles n'indiquent pas dans la population un sens bien clair de ses devoirs envers le pays.

Les abus sont nombreux dans toutes les opérations du recrutement; il y a quelques années, le gouvernement avait eu la singulière idée de charger un particulier de racoler des engagés volontaires pour les troupes coloniales; cet entrepreneur recevait, naturellement, une prime individuelle analogue à celle des sergents recruteurs de notre ancienne armée. Ce système ne put être longtemps appliqué, comme bien on pense. On se borne aujourd'hui à payer une prime à chaque engagé pour le service colonial; nous aurions tout profit à imiter les Espagnols en ce point.

Les difficultés politiques au milieu desquelles leur pays se débat depuis si longtemps ne leur ont pas permis d'adopter le principe du recrutement régional. Pour la même raison, les corps changent fréquemment de garnison; l'embrigadement permanent n'existe pas plus chez eux que chez nous avant 1870. Toutes ces particularités concourent à faire de l'armée espagnole un outil inférieur à ce qu'il devrait être.

Le système de recrutement du corps d'officiers est assurément une des parties les plus intéressantes de l'organisation militaire de l'Espagne (2). Toutes les questions qui s'y rattachent dépendent uniquement d'une direction générale du ministère, au lieu de ressortir de différents bureaux, étrangers, sinon hostiles, les uns aux autres. Quatre collèges préparatoires donnent pendant cinq années l'instruction secondaire exigée pour les futurs candidats officiers et jouent ainsi le rôle de notre Prytanée. Au sortir de là, ces élèves, joints à des candidats directement admis, entrent à l'Académie générale de Tolède.

Ces jeunes gens sont d'âge très variable, puisque les limites vont de 14 à 22 ans pour l'admission.

_____

(1) Du dit au fait il y a loin.
(2) Les écoles militaires espagnoles remontent à Philippe II; elles ont sans doute été les premières de l'Europe.

Pendant deux ans, tous ces futurs officiers reçoivent la même instruction, après quoi ils font choix de leur arme.

Durant la troisième année, ceux destinés à l'infanterie et à la cavalerie suivent des cours spéciaux, au sortir desquels ils vont passer un certain temps à l'Ecole de tir ou à celle de cavalerie ; ceux qui doivent appartenir à l'artillerie, au génie ou au corps d'état-major reçoivent, à l'Académie générale, une instruction préparatoire et passent ensuite dans l'école d'application de leur arme. Il y a donc parfaite unité d'origine pour tous les officiers de l'armée espagnole ; tous acquièrent par la vie en commun, pendant deux ans, un certain bagage d'esprit militaire, qu'ils complètent ensuite en recevant, dans des établissements spéciaux, l'instruction technique nécessaire à chaque arme.

L'une des particularités de l'armée espagnole était, tout récemment encore, le *dualisme* ; voici en quoi il consistait : nos voisins distinguaient dans les échelons de la hiérarchie le *grado* ou *doblegrado*, c'est-à-dire le grade honoraire, de l'*empleo*, grade effectif.

Dans les armes *générales*, infanterie et cavalerie, un officier pouvait réunir à un grade effectif un grade ou un double grade honoraire, qui ne lui donnait aucun droit au commandement et constituait une pure distinction honorifique. Il n'en était pas de même pour les armes spéciales ; leurs officiers réunissaient souvent à un *grade effectif*, dans leur arme, un *grade honoraire* simple ou double et un *empleo en el ejercito*, grade d'armée qui leur donnait le droit au commandement vis-à-vis des autres armes. Cette réglementation, aussi bizarre que compliquée, entraînait parfois de singulières conséquences. Pendant la dernière guerre carliste, on forma un détachement d'un bataillon d'infanterie, un peloton de cavalerie et une compagnie du génie. Au moment de le mettre en route, on reconnut qu'un capitaine affecté à cette dernière unité réunissait le *doblegrado* de lieutenant-colonel et le plus ancien *empleo* de chef de bataillon d'armée. Le commandement lui revenait de droit, au détriment de deux chefs de bataillon, celui d'infanterie et celui sous les ordres directs duquel était la compagnie du génie.

On devine combien le *dualisme* introduisait de motifs de discorde dans les troupes espagnoles. Les armes générales, celles qui forment la charpente, l'ossature de l'armée, se voyaient sacrifiées à de simples accessoires. Il en naissait constamment de nouveaux ferments de jalousie et d'indiscipline. Pourtant, il a fallu plusieurs années de luttes avant d'obtenir la destruction de ce singulier privilège. Un décret d'octobre 1888 a enfin abouti à la suppression entière du *dualisme*.

Une autre particularité de l'armée espagnole est l'exubérance des cadres d'officiers : nos voisins ont quatre grades d'officiers généraux, dont un, celui de brigadier, n'a pas d'analogue chez nous. Leur nombre total est de 264, c'est-à-dire à peu près le même que celui de nos généraux, pour un effectif du temps de paix quatre ou cinq fois moins considérable.

En 1886, il y avait en Espagne 19,048 officiers de tout grade, presque autant qu'en Allemagne, pour une armée de beaucoup inférieure.

Dans ces derniers temps, le gouvernement a tenté de remédier à cette pléthore des cadres ; il a supprimé certains emplois ; il a concédé quelques avantages aux officiers disposés à demander leur retraite. Mais les pensions sont très modiques et les limites d'âge plus reculées que chez nous : il résulte de tout cela que les cadres sont encore de beaucoup au-dessus des besoins.

L'avancement à l'ancienneté a, presque toujours, prévalu en Espagne et le décret du 28 octobre, auquel nous venons de faire allusion, en a fait la règle absolue du grade de sous-lieutenant à celui de colonel. Évidemment, un pareil système n'est favorable ni à l'émulation, ni à l'activité du commandement. Mais il a pour avantage de supprimer certains germes de désunion dans les corps d'officiers et tous les dangers qui résultent de choix malheureux ou prématurés.

En Espagne, la plus importante des armes, l'infanterie, est aussi la plus négligée. Elle compte 140 bataillons, répartis en 60 régiments et en 20 bataillons de chasseurs. Chacun renferme 4 compagnies actives et 2 cadres de dépôt. La répartition des recrues, dans les différentes armes, s'opère d'une façon caractéristique : les ouvriers de certains corps d'état sont, avant tout prélèvement, classés dans l'artillerie, le génie ou la cavalerie. Parmi les autres, l'artillerie choisit 2 hommes; le génie, 1; l'infanterie de marine, 1; la cavalerie, 2; puis on recommence jusqu'à ce que chacune de ces armes ait obtenu le nombre qui lui est affecté; à l'infanterie échoit le reste. Elle a encore le privilège peu envié de recevoir tous les remplaçants; en somme, elle est composée du rebut des autres armes; joint à la situation effacée de ses officiers, ce procédé ne peut que diminuer la valeur intrinsèque de l'infanterie espagnole. Pourtant, la matière première est excellente ; par sa constitution, sa frugalité, son dédain pour les fatigues, l'habitant de la plupart des provinces est appelé à faire un fantassin tout à fait hors de pair. Peu de troupes dans le monde ont des facultés d'endurance aussi extraordinaires.

Au mois de septembre 1874, le brigadier carliste Lozano partit de l'Aragon méridional avec un millier de fantassins et quelques cavaliers. En six semaines, il parcourut toute l'Espagne du nord au sud, descendit presque vers Jaën, puis remonta sur Alméria. Jamais il ne fit moins de 40 à 45 kilomètres par jour, frappant des contributions, désorganisant les services publics partout où il passait. Ce *raid* d'infanterie se termina, du reste, fort mal pour l'aventureux brigadier : il fut pris et fusillé. Mais il n'en avait pas moins obtenu des résultats surprenants, avec de très faibles moyens. Des exemples analogues se trouvent en foule dans le récit des guerres civiles espagnoles ; avec un fusil, 60 cartouches, une chemise, un pantalon, une couverture, un béret et deux paires d'*al-pargatas* (espadrilles) pour tout équipement, le fantassin carliste supportait des fatigues écrasantes : son ennemi, le régulier, n'était guère plus exigeant. Quant à leur sobriété, elle valait celle de l'Arabe.

Comme le nôtre, le règlement tactique de l'infanterie espagnole est basé sur la nécessité de l'offensive ; il va même jusqu'à prescrire de charger à la baïonnette la cavalerie ennemie, dès son apparition au moment de la charge ; nos voisins ont pourtant moins d'élan, de *furia,* que cette prescription, de pure forme, ne pourrait le faire croire. Du moins leur histoire militaire semble le démontrer : s'ils ont peu de rivaux derrière un retranchement improvisé ou sur les murailles croulantes d'une bicoque, ils font moins souvent preuve de facultés offensives très développées. Telle qu'elle est, l'infanterie espagnole, bien commandée, n'en serait pas moins l'une des meilleures de l'Europe.

On n'en saurait dire autant de la cavalerie ; elle ne compte que 28 régiments à 4 escadrons, parmi lesquels figurent des lanciers, des dragons, des hussards et des chasseurs. Les cuirassiers n'existent plus en Espagne depuis 1874 ; les lanciers, supprimés en 1818, ont été rétablis peu d'années après.

Tous ces régiments ont un effectif en chevaux extrêmement faible : 254 seulement, à peine de quoi mettre en selle deux petits escadrons de guerre.

De plus, le cheval espagnol a les défauts du barbe, sans toutes ses qualités ; en somme, c'est une médiocre monture de guerre.

Au contraire, l'artillerie et le génie ont une excellente réputation que ces deux armes justifient. Les Espagnols ont très sagement appliqué le principe de la division du travail à la constitution de leur artillerie ; elle contient des régiments de montagne, de siège, de campagne et des bataillons de place. L'ensemble compte 108 batteries, dont 62 de campagne et 46 de siège ou de place. La proportion de ces dernières semble très considérable, mais le nombre des petites forteresses espagnoles ne l'est pas moins et les souvenirs des guerres du commencement de ce siècle sont faits pour empêcher de le réduire. Vis-à-vis de nous leur artillerie fit alors preuve de qualités peu ordinaires ; il est à croire qu'elle n'a point dégénéré.

L'effectif des troupes du génie est relativement très considérable ; elles comptent onze bataillons formés en cinq régiments et des fractions accessoires. Les pontonniers leur sont rattachés, ainsi que le veut la logique et comme cela a lieu à peu près partout. Un bataillon des chemins de fer, un autre affecté aux télégraphes, montrent que l'Espagne se tient à hauteur des nécessités de la guerre moderne.

Telle est, dans ses traits généraux, l'armée de nos voisins du Midi. En somme, elle présente des vices constitutionnels d'une importance majeure. Le plus grave tient à l'existence d'une loi de recrutement qui n'est plus d'accord avec l'état de paix armée sous le poids duquel succombe l'Europe. Le service militaire n'est ni personnel, ni obligatoire, comme il devrait être, depuis longtemps, dans le pays qui s'est illustré par sa résistance acharnée contre le plus grand capitaine du siècle.

Une autre conséquence fâcheuse de la loi actuelle est l'absence de réserves sérieuses : tout est à faire dans ce sens.

La trop grande importance attribuée aux armes spéciales au détriment du reste de l'armée tient autant aux mœurs militaires de l'Espagne qu'à la loi écrite ; elle n'en a pas moins de funestes conséquences pour la valeur intrinsèque et la cohésion des troupes.

Une autre cause contribue au mécontentement du corps d'officiers : c'est la surabondance des cadres, avec ses conséquences ordinaires : surcroît de charges pour le budget, réduction des soldes et des pensions à un minimum. En face d'une carrière encombrée, n'ayant pour vivre que des ressources à peine suffisantes, certains officiers ont fatalement une tendance à se jeter dans la politique et à y chercher des avantages que leur profession seule ne peut promettre. De là, des *prononciamientos* fréquents ; il ne faut pas oublier que le dernier remonte à 1886 seulement. D'ailleurs, sans aller jusqu'à tenter de faire prévaloir leurs idées de vive force, quelques généraux espagnols s'occupent de questions politiques dans des proportions inconnues aux autres armées de l'Europe. Pendant mon séjour en Espagne, la crise ministérielle était imminente, et les premières pages des journaux contenaient, presque chaque jour, le résultat d'*interviews* avec les personnalités militaires les plus en vue. Toutes émettaient, sur la politique générale, des appréciations que le respect de la discipline aurait dû interdire à des officiers en activité de service.

Les vices constitutionnels, dont nous venons de signaler l'existence dans l'armée espagnole, n'ont pas échappé à des essais de réformes. De nombreux projets les concernant ont été agités ces derniers temps et, à plusieurs reprises, ils ont occasionné des crises ministérielles. Le général Cassola, l'un des précédents Ministres de la guerre ; le général O'Ryan, son successeur, sont tombés, l'un, pour avoir voulu restreindre les réformes projetées, l'autre, parce qu'il avait présenté un programme trop étendu. Le service obligatoire trouve encore de nombreux opposants dans les Cortez ; il est fort douteux qu'il soit prochainement accepté. Quant aux autres réformes en projet, une partie sera sans doute réalisée par décrets, mode admis, jusqu'ici, en Espagne, pour tout ce qui concerne l'organisation intérieure de l'armée.

La situation financière de l'Espagne doit être pesée avec soin, si on veut apprécier ses forces.

Bien qu'elle se soit, depuis peu d'années, beaucoup améliorée, elle n'est pas encore bonne, tant sans faut. Le système d'impôts est aussi pesant que vexatoire et mal réparti ; la perception des contributions se fait avec peine. Aussi, es frais de poursuite sont-ils considérables et le nombre des émigrants tend-il à s'accroître. Cet été, en particulier, on a signalé de très nombreux départs des provinces du Nord-Ouest. Ce symptôme est d'autant plus grave que la population de l'Espagne s'accroît aussi lentement que la nôtre. Le départ de chaque émigrant enlève à la nation une certaine quantité de forces vives que rien ne vient remplacer.

Comme on peut s'y attendre, la circulation monétaire est très imparfaitement établie; l'or est entièrement inconnu; les billets de banque et la monnaie d'argent, souvent falsifiés. La première précaution prise par un indigène, en recevant une pièce, est de la faire sonner pour s'assurer de la qualité du métal. Encore cette précaution est-elle quelquefois illusoire; on va jusqu'à fabriquer des *douros* d'argent de même forme et de même titre que les véritables; le poids seul diffère d'une petite fraction. Lors de mon séjour à Barcelone, sur quinze douros un changeur en refusait treize pour ce motif. On devine combien les transactions ont à souffrir d'un pareil état de choses.

Le crédit public ne peut être aussi solidement établi en Espagne que chez la plupart des peuples européens. Au mois de septembre 1888, certaines rumeurs ayant fait naître des craintes pour la solidité des gages de la *Caja de ahoros* (caisse d'épargne) de Madrid, il s'ensuivit une véritable panique qui inspira un instant des inquiétudes sérieuses.

L'administration espagnole laisse fort à désirer; nos voisins, en vrais Latins qu'ils sont, recherchent avidement les fonctions publiques, mais s'inquiètent moins de les remplir convenablement. Les employés, trop nombreux et mal payés, sans garanties suffisantes contre les caprices de leurs chefs, ont pour principal objectif de réduire à un minimum les services qu'ils sont tenus de rendre au public. Certaines traditions des bureaux espagnols sont caractéristiques à cet égard. Deux fois par an, au printemps et en automne, les journaux de Madrid publient cette annonce : « Aujourd'hui et les deux jours suivants, il y aura vacance au ministère de la *Gobernacion, con motive de estero* », autrement dit pour permettre d'enlever ou d'étendre les nattes qui couvrent le carrelage. On peut croire que l'exemple parti de Madrid est imité en province; à Cadix, une ville de 65,000 habitants, un grand port, le bureau de la poste restante est ouvert deux heures par jour.

L'une des plaies de l'Espagne est le manque général d'instruction. En 1886, le contingent renfermait 90 p. 100 d'illettrés; des 16,731,570 Espagnols existant en 1877, 12,000,000 ne savaient ni lire, ni écrire. Pourtant, le nombre des écoles avait plus que doublé depuis 1850; de 13,334, il était arrivé à 29,038. De pareils chiffres expliquent l'état actuel du pays. Comment la masse de la population ne serait-elle pas en proie à la superstition, au fanatisme religieux et politique, à la paresse et à la mendicité? Des écoles, des moyens de communication, une administration laborieuse et économe, voilà ce qui manque surtout à l'Espagne.

La situation péninsulaire de la monarchie espagnole la met à l'abri de la plupart des attaques ; ses relations avec le Portugal sont bonnes et, d'ailleurs, elle n'aurait rien à redouter de ce petit pays. En Afrique, l'Espagne possède quelques points de la côte marocaine, et le rêve de beaucoup de ses hommes d'Etat a toujours été d'arrondir ces embryons de colonie. Mais il faudrait des troupes et de l'argent, deux facteurs qui font et feront longtemps défaut. Une intervention espagnole au Maroc n'est donc pas à prévoir pour l'instant.

Quant aux relations de l'Espagne et de la France, elles ne laissent rien à désirer depuis plus de soixante-dix ans ; la raison en est simple : nous n'avons aucun sujet de désaccord avec nos voisins et beaucoup de leurs intérêts sont les nôtres. Quoiqu'elle ne soit pas encore exactement délimitée, la frontière des Pyrénées est trop bien tracée par la nature pour donner lieu à des contestations graves. Au Maroc, notre désir est de maintenir le *statu quo* ; c'est aussi celui de l'Espagne. Si nos voisins se décidaient plus tard à en tenter la conquête, nous n'aurions pas d'objection sérieuse à faire valoir. L'empire du Maroc croulera un jour ou l'autre ; mieux vaudrait pour nous de voir à Tanger et à Mogador nos amis les Espagnols que les Anglais ou les Allemands. Une simple rectification de frontière au sud de la province d'Oran comblerait tous nos désirs.

Nous sommes donc, suivant les apparences, destinés à vivre en paix avec la grande nation qui vit au sud des Pyrénées : peut-être même verrons-nous naître entre elle et nous des relations plus intimes.

M. le comte de Kératry le rappelait dernièrement : pendant les tristes jours de 1870, des patriotes espagnols eurent la pensée d'une alliance avec la France ; des pourparlers assez sérieux s'engagèrent, mais pour échouer devant la toute-puissante opposition du maréchal Prim. On ne saurait trop le déplorer ; qui peut dire ce qu'auraient pesé 60 ou 80,000 Espagnols de troupes régulières, jetés tout à coup dans la lutte ? C'était peut-être Paris délivré et les Allemands refoulés sur le Rhin.

Si des circonstances analogues se présentaient de nouveau, ce serait une grande force pour nous que d'être appuyés à la barrière des Pyrénées et de savoir derrière nous une nation amie. Le plus illustre des hommes d'Etat que possède actuellement l'Espagne, M. Emilio Castelar, l'a dit éloquemment naguère : l'union des peuples latins n'a jamais été plus nécessaire en face de la poussée formidable des races germanique et slave de l'orient vers l'occident de l'Europe. Si une autre des nations nos voisines, que tant de liens devraient nous attacher, parait en ce moment très peu disposée à s'en rendre compte, c'est du moins une satisfaction pour nous que de pouvoir compter, en toute circonstance, sur la neutralité bienveillante, sinon sur la coopération active, de la noble nation espagnole.

Paris et Limoges. — Imp. militaire Henri Charles-Lavauzelle

140

PARIS ET LIMOGES. — IMPR. MILITAIRE HENRI CHARLES-LAVAUZELLE

www.ingramcontent.com/pod-product-compliance
Lightning Source LLC
Chambersburg PA
CBHW060716280326
41933CB00012B/2450